AF228983

Veo, veo un **animal** en el **jardín**

Bela Davis

Abdo Kids Junior es una subdivisión de Abdo Kids
abdobooks.com

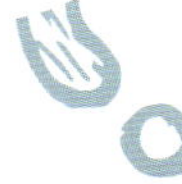

abdobooks.com

Published by Abdo Kids, a division of ABDO, P.O. Box 398166, Minneapolis, Minnesota 55439.
Copyright © 2026 by Abdo Consulting Group, Inc. International copyrights reserved in all countries.
No part of this book may be reproduced in any form without written permission from the publisher.
Abdo Kids Junior™ is a trademark and logo of Abdo Kids.

Printed in China

052025

092025

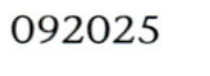
THIS BOOK CONTAINS
RECYCLED MATERIALS

Spanish Translator: Maria Puchol

Photo Credits: Getty Images, Shutterstock, ©Sadie the dog p.23

Production Contributors: Teddy Borth, Jennie Forsberg, Grace Hansen

Design Contributors: Candice Keimig, Pakou Moua

Library of Congress Control Number: 2024950012

Publisher's Cataloging-in-Publication Data

Names: Davis, Bela, author.

Title: Veo, veo un animal en el jardín/ by Bela Davis

Other title: I'm thinking of a backyard animal. Spanish

Description: Minneapolis, Minnesota: Abdo Kids, 2026. | Series: Veo, veo un animal | Includes online
    resources and index

Identifiers: ISBN 9798384906407 (lib.bdg.) | ISBN 9798384906964 (ebook)

Subjects: LCSH: City animals--Juvenile literature. | Questions and answers--Juvenile literature. | Riddles-
    -Juvenile literature. | Animals--Juvenile literature. | Zoology--Juvenile literature. | Spanish Language
    Materials--Juvenile literature.

Classification: DDC 591.756--dc23

Contenido

¡Adivina!

Veo, veo un animal en el jardín. ¿Puedes adivinar cuál es?

Veo, veo un animal que

tiene cola.

Pistas

-  **tiene cola**

¡Pero no es una ardilla rayada!

Veo, veo un **mamífero**.

8

¡Pero no es un conejo!

Veo, veo un animal

con garras.

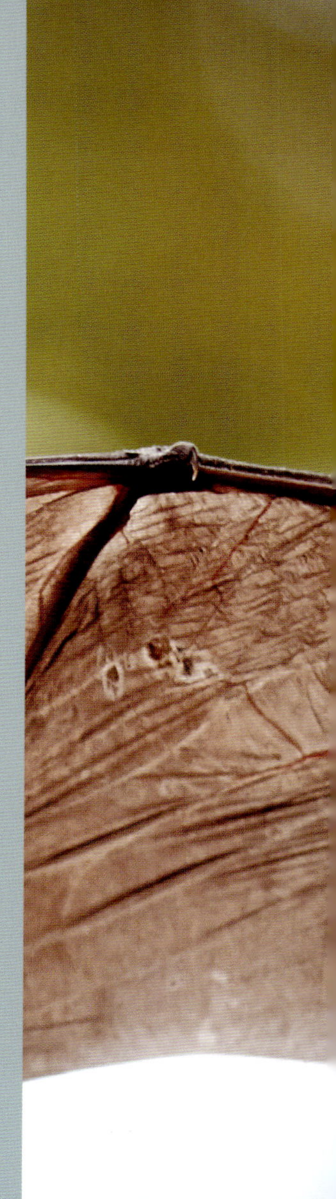

10

11

Veo, veo un animal gris.

13

Veo, veo un animal

nocturno.

Pistas

- tiene cola
- mamífero
- con garras
- es gris
- nocturno

¡Pero no es una rata!

Veo, veo un animal con
orejas redondas.

17

¿Sabes qué animal veo

en el jardín?

Pistas

- tiene cola
- mamífero
- con garras
- es gris
- nocturno
- tiene orejas redondas

18

Es un mapache. ¡Ahora es
tu turno! ¿Qué animal ves?

20

Tabla comparativa

	 conejo	 murciélago	 ardilla	 mapache
cola	✓	✓	✓	✓
con garras	✓	✓	✓	✓
de color gris			✓	✓
nocturno		✓		✓

Glosario

mamífero
animal de sangre caliente, con esqueleto y pelo en la piel.

nocturno
activo durante la noche.

Índice

Abdo Kids ONLINE
FREE! ONLINE MULTIMEDIA RESOURCES

¡Visita nuestra página **abdokids.com** y usa este código para tener acceso a juegos, manualidades, videos y mucho más!

Los recursos de internet están en inglés.

Usa este código Abdo Kids

IIKO528

¡o escanea este código QR!